www.ingramcontent.com/pod-product-compliance
Lightning Source LLC
Chambersburg PA
CBHW080941170526
45158CB00008B/2329
* 9 7 8 1 0 7 3 7 1 3 3 5 6 *